HENRI V

EST-IL PRÈS D'ARRIVER ?

OUI !

PAR UN HOMME.

> Choisissez un homme : VIRUM.
> Josué, dans la *Bible*.

> La voix du plus grand nombre oblige toujours tous les autres.
> ROUSSEAU dans le *Contrat Social*.

PRIX : UN FRANC.

DÉPÔT :

CHEZ M. BLAGÉ,

TOULOUSE, rue Saint-Rome, 29.

JUIN 1871

Droits de propriété et de traduction réservés.

Pour recevoir cette brochure, *franco*, adresser les demandes avec un mandat-poste de 1 fr. et un timbre de 10 c., chez M. Blagé, rue Saint-Rome, 29, à Toulouse.

PRÉFACE.

Je suis un Homme, donc je ne suis pas un fils de Voltaire. La postérité d'*Arouet* est une génération caduque. Les Enfants du patriarche de l'impiété française sont des miniatures ramollies et de *petits crevés*. Les descendants impurs de sa *Pucelle* sont des myrmidons et des pygmées, des avortons et des crétins : non, de cette race, je n'en suis pas !

Je n'ai donc pas à m'excuser si pour commencer, j'emprunte quelques vers de la *Henriade*. Je prends mon bien où je le trouve : voilà mon crime.

Or, comme Henri V aura bientôt à conquérir toute la rive gauche du Rhin, à ramener entre tous les partis *la Concorde et la Paix*, je puis lui appliquer, par anticipation, les vers du poëme consacré à la gloire de son aïeul populaire :

Je chante ce héros qui régna sur la France,
Et par droit de conquête, et par droit de naissance;
Qui par de longs malheurs apprit à gouverner,
Calma les factions, sut vaincre et pardonner.

THÉORIE DU POUVOIR.

Deux systèmes se partagent le monde : le *Droit divin* et la *Souveraineté du peuple*. Chacune de ces deux thèses est soutenue par un illustre champion : Bossuet et Rousseau.

En dehors de ces athlètes formidables, il n'existe que des histrions salariés, des orateurs de taverne avinés et des charlatans ambitieux.

L'aigle de Meaux, dans sa *Politique tirée de l'Écriture*, défendant la cause de la monarchie du *Droit divin*, affirme que « Dieu donne à tous les peuples leurs rois. »

Cet enseignement est auguste et noble. De Bonald, de Maistre et autres grands génies appartiennent à cette grande école. Ici, on se trompe sans doute, mais on erre en bonne et noble compagnie. Le citoyen de Genève, plaidant pour le *Droit national*, déclare, dans le *Contrat social*, que « l'ordre social est un droit sacré qui sert de base à tous les autres. Cependant, ce droit ne vient point de la nature ; il est donc fondé sur des conventions, base de toute autorité légitime. » Cette doctrine est paradoxale. Et dire pourtant que depuis 89 tous les libres-penseurs du globe, tous les radicaux du siècle, toutes les fortes têtes de l'Europe, tous les aristocrates du progrès ont combattu à l'ombre de cet étendard illogique, inintelligent, contradictoire, brutal ! O bêtise humaine ! qui pourra jamais sonder tes colossales dimensions ?

Ces deux hautes intelligences ont donc articulé deux

énormes absurdités politiques ; seulement, celle de l'évêque est majestueuse, tandis que celle du philosophe n'est que brillante.

Quelle est donc la vraie théorie du pouvoir ? Elle est formulée par le grand citoyen romain dans sa lettre à ses compatriotes, et sa formule est un axiome politique :   .

« Tout pouvoir vient de Dieu. »

Il existe dans ce monde deux puissances : l'une spiri‑tuelle, l'autre temporelle. Les sociétés humaines sont gouvernées par le *sacerdoce* et l'*empire*. Le pouvoir spirituel vient directement de Dieu. Les Patriarches, les Grands-Prêtres et les Papes relèvent immédiatement de l'Éternel.

Il n'en est pas ainsi de l'empire ou de la puissance civile. A part le peuple juif, Dieu ne gouverne pas directement les nations. Sans doute, quand l'inconstance de son peuple choisi le força d'abdiquer, sa bonté paternelle choisit directement Saül et David ; il désigna même Salomon et *sa famille* pour administrer sa nation bien-aimée. Mais ce sont là des exceptions extraordinaires, des façons d'agir *surnaturelles*. Dans les cas ordinaires, la divine Providence ne se comporte pas ainsi. Donc, par la volonté de Dieu, la *souveraineté* est placée dans la multitude, dans la collection, dans la communauté des hommes ; donc, la puissance souveraine n'a été donnée à aucun homme en particulier ; donc la puissance royale est une puissance de délégation, une puissance *derivata*, comme parle l'école.

Cette puissance a été donnée au peuple par le Dieu créateur à titre de propriété, inhérente à sa nature sociale. L'homme, en effet, est destiné à vivre en société. L'Éternel a donc dû le créer sociablement viable ; lui fournir tous les éléments nécessaires à son existence en corps politique. C'est maintenant à lui à s'assimiler ces principes de vitalité sociale, conformément à son tempérament national; à les absorber dans les conditions voulues par le climat et les mœurs. Quant à la forme du gouvernement, c'est aux peuples divers à la choisir eux-mêmes. Dieu ne saurait abaisser sa très-haute majesté jusqu'à ces détails secondaires; sa sagesse lui interdit de peser en ces matières sur la liberté des nations.

La raison de la théorie sociale que j'expose est évidente.

Les sociétés humaines, dit Lacordaire, sont placées entre un principe et une conclusion. Or, l'un et l'autre sont éternels. Dieu, d'ailleurs, est le principe et la fin de toutes choses.

Notre célèbre publiciste, *Domat*, assigne deux fondements à l'ordre de la société parmi les hommes, la connaissance et l'amour de Dieu, cet *alpha* et cet *omega* de leurs destinées, et l'amour du prochain, lien naturel de leur commune société.

Cette doctrine politique, sublime comme la vérité divine dont elle émane, a été professée par Aristote dans sa *Politique;* par Platon dans ses *Dialogues* sur les lois et la république; par Cicéron dans ses *Livres sur les lois;* par Augustin dans la *Cité de Dieu;* par saint Thomas dans sa *Somme;* par tous les théologiens et les docteurs de l'Église catholique; par Suarez dans son *Traité des lois*, où il résume tous ces puissants témoignages.

Voilà comment le célèbre corroyeur de Tarse renverse d'un souffle divin comme un éphémère château de cartes élevé par la main débile d'un enfant, le système avouable mais erroné de Bossuet avec sa délégation royale *directe* et *immédiate;* brise comme un verre fragile le contrat *antisocial* et impie de Jean-Jacques avec sa souveraineté du peuple, *indépendante* du Dieu qui nous donna l'existence.

Oui, Jean-Jacques Rousseau a découvert l'immense réservoir où se conserve, je ne dis pas *inaliénable*, je ne dis pas *indivisible*, je ne dis pas *infaillible*, mais majestueuse et intarissable, la *souveraineté du peuple*. Mais, hélas ! il n'a pas su trouver le sentier sublime qui conduit à la cime élevée des collines incréées où prend sa source ce pouvoir social. Philosophe déiste, c'est-à-dire, athée, hypocrite et déguisé, sournois, ce *grand citoyen* aurait craint de déroger ; il se fût même exposé à être banni comme infâme, s'il eût commis la bassesse de gâter par le mélange de l'élément *divin* son humaine théorie. Et pour voir, d'ailleurs, à une pareille hauteur, il aurait dû lever la tête vers le ciel : Or, au xviiie siècle, un pareil geste était de mauvais ton. Enfin, Rousseau n'était pas de la race des aigles dont l'œil pur peut contempler sans danger pour sa vue l'éclat du soleil éternel. Telles sont les causes funestes des erreurs sociales de son *Contrat ;* et c'est l'oubli de Dieu qui a fait dire à ce beau génie pourtant cette ineffable bêtise : « L'ordre social ne vient pas de la nature, il est fondé sur des conventions. »

Donc, il demeure démontré que la source du pouvoir est au ciel. C'est là que les peuples puisent leur souveraineté, qu'ils communiquent et délèguent à qui *il leur plaît.* D'où il résulte que le pouvoir du peuple est immédiat et direct, tandis que celui des rois est médiat et indirect. Il est donc maintenant évident qu'il n'existe qu'un *droit* en politique et que ce *droit* est *divin.*

ADHÉSION D'HENRI V A LA POLITIQUE DE SAINT PAUL.

Henri V, mieux que personne, connaît ses droits ; plus que nul autre, il en a étudié les principes et exploré les sources. Or, ce *prétendant* royal, qui déjà préoccupe énormément l'opinion publique, que l'on commence à considérer un peu partout comme l'homme *providentiel ;* oui, Henri V, qui par son intelligence est à la hauteur de son époque, par son jugement au niveau des progrès du siècle, par son indépendance dans le courant des idées ambiantes, par son instruction complète en communication directe avec toutes les voix de la presse, par son éducation libérale au diapason de tous les échos du globe, ne craint pas d'abdiquer à la face du monde stupéfait, des préjugés que l'on croyait inhérents à sa race, que l'on croyait voir circuler dans ses veines comme un vice du sang, un défaut de naissance et une infirmité héréditaire. Or, dans sa lettre du 8 mai 1871, majestueuse comme une parole royale, sincère comme la parole d'un honnête homme, splendide comme un manifeste officiel, le comte de Chambord s'affirme comme l'élu du peuple. C'est pour cela qu'il a écrit cette phrase immortelle:

« Mon cher ami, croyez-le bien, je serai *appelé* parce que je suis *le fondé de pouvoir* nécessaire pour gouverner avec la justice et les lois. »

Or, quand la nation française aura rendu à son *vieux procureur-fondé* la couronne et le sceptre, quatorze fois séculaires, aura comblé la lacune révolutionnaire de la succession héréditaire, fait disparaître la solution de continuité de sa délégation antique, restauré l'exercice de son royal *mandat*, alors ce monarque *légitime* pourra reprendre ses titres primitifs et s'appeler encore, en toute vérité :

« Dieudonné, le ministre de Dieu, le Christ et l'oint du
» Seigneur, roi par la grâce de Dieu et seconde Majesté. »

Alors aussi, puisqu'il aura *dans la main la vieille épée* de Charlemagne, dans la tête les idées de saint Louis, *dans la poitrine le cœur* de Henri IV, dans les entrailles la bonté et *la clémence* d'un *père*, il pourra sûrement *préparer enfin l'avenir.*

Que la presse, toujours absurde, ne dise pas qu'en prononçant ces mots étonnants, mais vrais, de *fondé de pouvoir*, il a tué le *droit divin*. Ah ! nul homme n'a le bras assez long pour aller dans le ciel frapper d'un coup mortel les droits du créateur. On ne tue pas les droits de Dieu ; car les droits de Dieu sont immortels. Non, son Altesse royale n'a pas tué le *droit divin*, seulement, elle a montré qu'elle le comprend bien.

RAPSODIES POLITIQUES DE LA PRESSE.

Il n'existe pas au monde d'opinion excentrique qui n'ait été soutenue par quelque théologien. Cicéron, parlant des anciens philosophes, disait : qu'il n'y a pas une absurdité qui n'ait eu un philosophe pour maître ; de même aussi, on ne saurait imaginer une rapsodie, quelque énorme qu'elle puisse être, qui n'ait un journaliste pour inventeur et pour patron.

Voilà déjà bien des années que la presse blanche, rouge et incolore, disserte, sans y rien comprendre sur le droit divin et la souveraineté du peuple. Pour les blancs, la monarchie est de droit divin ; quant à la république, elle vient du diable, auquel ils veulent la réexpédier ; pour les rouges, au contraire, la république est une émanation de la souveraineté du peuple ; pour les ultra-radicaux, elle est même de droit divin, puisqu'ils la placent au-dessus du suffrage universel. Voici, à l'intention de tous les journalistes de la République française, *de ces Frères ignorantins* de la presse quotidienne, le dernier mot sur cette question fondamentale :

Dieu est le seul maître de tous et de tout : lui seul est donc l'unique Souverain. Mais sa souveraineté, il ne l'exerce pas, il la délègue et il la délègue à chaque peuple. Or, le peuple n'exerce pas non plus lui-même sa souveraineté, puisque, même dans les communes, il se fait représenter par le conseil municipal. Or, quand le peuple donne une délégation personnelle et temporaire, le gouvernement s'appelle une république ; quand il accorde une délégation à vie et héréditaire , c'est une monarchie. Dans les deux cas, le gouvernement est de droit divin ; seulement , dans l'hypothèse de la république, il est de droit divin *immédiat ;* tandis que, dans la supposition d'une monarchie , le gouvernement est de droit divin *médiat.* Le peuple, pour remonter à la source divine du pouvoir , a un *pas* à faire ; le roi, au contraire , pour y arriver , doit en faire *deux.* La voix du peuple est la voix de Dieu , parce qu'elle est la voix même de Dieu ; la voix du roi est la voix de Dieu aussi, parce qu'elle est la voix du peuple : mais les deux voix sont toujours la voix de Dieu passant par un ou par deux intermédiaires. Si on répudie cette vérité, on est contraint de se réfugier dans les bêtises de l'athée, dans les exagérations du fanatique, dans les hallucinations des toqués ou dans les idiotismes des mystiques politiques. Mais les journalistes peuvent-ils invoquer le bénéfice des circonstances atténuantes en faveur de leur radicale ignorance ? Oui, certes. Obligés qu'ils sont tous les matins de fournir à leurs lecteurs une ration fixe de mots et de phrases sonores, c'est déjà un tour de force méritoire que de les arranger dans un ordre suffisamment grammatical. Quant à la dose de logique et de sens commun que doivent contenir les lignes de leurs articles, ils n'ont guère à s'en préoccuper ; car leurs abonnés se contentent toujours de la dose la plus faible.

ESSENCE DU SUFFRAGE UNIVERSEL.

Puisque le peuple est le dépositaire de la souveraineté divine dans les affaires politiques , puisqu'il exprime sa volonté suprême par le suffrage universel, il faut savoir de quelles conditions essentielles doit être revêtu le vote populaire pour que l'élection soit valide.

Les bases fondamentales du suffrage politique sont la *liberté* et l'*intelligence*. L'électeur doit être libre ; il doit encore savoir pour qui et pourquoi il vote. Or, dans les conditions où se trouve le peuple français , l'électeur est-il libre ? Oui. Est-il assez intelligent pour voter validement ? Non. Avec son instruction si incomplète et son éducation politique si imparfaite , les électeurs manquent d'une intelligence suffisante pour que leur vote soit valide.

Le suffrage universel est le *principe* fondamental de tout gouvernement *légitime;* il est d'institution divine. Voilà pourquoi son abus est une monstruosité ; car la corruption de l'excellent est la pire de toutes les corruptions : *corruptio optimi pessima.* Tel qu'il s'exerce aujourd'hui, il est un mensonge pour la France et un péril pour la société entière. Oui maintenant, le vote populaire est une armée sans discipline aboutissant infailliblement à des désastres sociaux. Et puisqu'il a besoin d'être réglementé, appliquons-lui donc la seule loi qui lui soit naturelle. Cette loi, la voici :

Il y a deux sortes d'élections : l'élection *simple* et l'élection *double*. L'élection *simple* se pratique à la commune , pour le choix du conseil municipal ; les électeurs de la commune élisent directement ses conseillers , ils les prennent tous parmi les électeurs communaux. Le conseil municipal choisit son maire et ses adjoints *partout*. L'élection *double* a lieu pour le conseil général et l'Assemblée nationale. Ces deux élections se font par les électeurs *délégant* et par les électeurs *délégués*. Les électeurs *délégant* ou les électeurs *communaux* choisissent parmi eux autant de *délégués cantonnaux* qu'il y a dans la commune de centaines d'habitants , la fraction de la centaine comptant pour une entière. Les électeurs *délégués* ou *cantonnaux* vont au chef-lieu du canton pour nommer ou le membre du conseil général, qui doit être toujours pris parmi les électeurs du canton, ou bien ces *délégués électoraux* élisent les membres de l'Assemblée nationale au scrutin de liste, laquelle doit contenir autant de noms qn'il y a de centaines de mille habitants dans le département , la fraction de centaine comptant pour une entière. Les députés sont toujours pris parmi les électeurs du département. Dans ces conditions , le suffrage universel sera désormais , non pas un mensonge , mais une vérité ; non pas la voix du *diable*, mais bien la voix de Dieu : *Vox populi, vox Dei*.

Oui de cette manière , les élections seraient faites avec *intelligence* et *liberté ;* car on se connaît à la commune , et les électeurs cantonnaux étant l'élite des électeurs communaux, ils sauraient pour qui et pourquoi ils votent.

Qu'on ne vienne pas me dire que nous vivons sous un régime de liberté, de fraternité , d'égalité. Le décrotteur de l'angle de la place est mon frère, je l'admets ; comme moi la nature l'a créé libre, je l'accorde encore. Mais est-il mon égal politiquement ? Mille fois non. Et de même que je ne suis nullement son pareil pour cirer une paire de bottes, de même il m'est très-inférieur quand il s'agit de choisir un député, quand il faut voter.

Donc, on doit recourir à la double catégorie que j'indique, si l'on ne veut pas que les élections soient *nulles* de plein droit ou *stupides* au suprême degré, et le peuple toujours une machine, mais *une machine infernale !*

Le suffrage universel est aujourd'hui l'arbitre suprême des destinées de la France. Demain, peut-être, il disposera du sort du monde tout entier. Or, il ne faudrait pas que cette précieuse conquête du progrès politique, qui doit être partout l'instrument de salut pour les sociétés modernes, en devînt la cause légale d'une ruine assurée. Il faut donc l'assujettir immédiatement à la loi que réclame impérieusement la situation de la France, qui se trouve à la veille de choisir son gouvernement définitif.

Ce que j'appelle *suffrage double,* l'illustre publiciste, l'Abbé de Genoude, le nommait : vote à *deux degrés.* Le nom dont je me sers, me semble rendre mieux la chose. Le nom, du reste, ici, ne fait absolument rien à la chose. Qu'on l'appelle comme on voudra, mais qu'on la règle.

INCAPACITÉ POLITIQUE DES AVOCATS.

Les avocats sont comme ces sophistes antiques, qui disaient blanc et noir , qui plaidaient le pour et le contre. Leur intelligence est un assemblage harmonieux et régulier de calculs d'honoraires , de paradoxes et de scepticisme ; jamais leur esprit ne rencontra le point fixe où se trouve l'équilibre stable. Leur existence n'est qu'un tissu serré de paroles brillantes ; pour eux mourir n'est pas cesser de vivre , mais finir de parler. Aussi , les rencontre-t-on toujours dans les rangs de l'opposition systématique, parce que sur ces bancs siége en permanence l'occasion facile de pérorer sans cesse, habitude chronique qui devient chez eux une seconde nature.

A notre époque tourmentée , où le roi règne , mais ne gouverne pas , comme l'a dit si spirituellement notre illustre chef du pouvoir exécutif , malheur, trois fois malheur à la nation qui appelle des avocats dans ses conseils ; ils apportent, en effet, dans le maniement des affaires publiques, ce vague, cette absence de convictions qui constitue l'essence de leur être. Comme ils ne tiennent le gouvernail que d'une main toujours distraite et tremblante, le vaisseau national se heurte contre toutes les saillies des difficultés intérieures, contre toutes les aspérités internationales; et, après avoir subi mille avaries, il sombre dans les embarras profonds des situations critiques ; car ces pilotes discoureurs sont toujours plus occupés de chercher une belle période que le passage sans écueil qu'on doit suivre sur la mer orageuse de la politique contemporaine.

Pour être un homme d'Etat, il faut penser. Or, les avocats parlant toujours, ne réfléchissent jamais ; les avocats n'étant pas sérieux, ne peuvent être complets : c'est l'espèce qui le porte. Quel lâche que Démosthène! quel vil courtisan que Cicéron ! Quels tristes hommes que ces deux grands avocats ! Et pourtant les générations passées nous ont transmis leurs harangues et leurs oraisons comme les plus beaux monuments de l'éloquence humaine. Mais qu'est-il besoin, pour démontrer ma thèse, d'aller chercher des arguments sur la place publique d'Athènes, au pied de la tribune aux harangues de Rome! Nous avons des exemples sous la main et des faits sous nos yeux ; car hier encore, nous avons vu à l'œuvre trois avocats célèbres, Emile Ollivier, Gambetta et Jules Favre.

Emile Ollivier, ce triste ministre du 27 décembre 1869, déclara la guerre à la Prusse pour un roi en Espagne, question qui ne nous regardait nullement. Il la commença sans être prêt; il fut assez étourdi pour attaquer avec deux cent mille hommes une nation toute militaire qui en mettait en ligne un million et demi. Et cependant, cette guerre formidable, entreprise sans raison, cette guerre horrible fut déclarée en juillet 1870. Or, jamais Napoléon III n'eût osé l'entreprendre sans le scandaleux succès du plébiscite du 8 mai de cette même année. Cette guerre a légué à la France la révolution avec ses périls, l'invasion avec ses hontes, la guerre civile avec ses horreurs, et cependant Emile Ollivier la déclare d'*un cœur léger!!!*

Ah ! gamin funeste! la France ta mère et ta patrie devrait t'enfermer dans une chambre obscure, te mettre au pain et à l'eau le reste de tes jours, trois fois dans la journée te

2

fouetter jusqu'au sang, afin que tes larmes coulassent sans intermittence jusqu'au premier râle de ta dernière agonie.

Gambetta, le 4 septembre 1870, se proclama membre du Gouvernement *de la défense nationale*, ministre d'abord de l'intérieur, puis ensuite ministre en plus de la guerre, afin de tenir dans chaque main un portefeuille rouge. Il fut le promoteur et le partisan *quand même* de la guerre à outrance ; car, il n'avait pour la soutenir, ni fusils, ni canons, ni chevaux, ni munitions, ni argent, ni soldats. Mais qu'importe, il était là dans son rôle ; il aurait même voulu le jouer éternellement, puisque il lui fournissait l'occasion d'inonder la France de proclamations ronflantes et bien touchées. Dans cet élément qui allait à son tempérament nerveux, actif et vaniteux, il était chez lui. Mais bientôt la France se lassa de payer les frais d'un jeu d'*innocents* qui lui coûtait si cher. Gambetta disparut de la scène politique comme s'en va un violent ouragan, après avoir vécu ce que durent les ouragans de la terre. Astre errant en dehors de son orbite, il traversa rapidement l'espace révolutionnaire ; météore éphémère il jeta quelques lueurs sinistres pendant l'éclipse de la France ; comète à la riche mais funeste chevelure, sa maligne influence a coûté des milliards à sa patrie et couvert le sol d'un torrent de hontes militaires. Ce Carnot en robe, toque noires et rabat blanc, avait tellement désorganisé nos armées que les Allemands à la fin ne prenaient plus nos mobiles au sérieux ; ils les désarmaient et puis les frappaient par derrière d'un méprisant coup de pied pour les congédier, sans que nul se tournât pour demander raison d'une pareille insulte. Pour tout projectile ils leur lançaient des boules de neige à la figure. Ici, voilons notre visage afin que l'Europe ne s'aperçoive pas de la rougeur impuissante qui monte à notre front. Mais revenons à notre deuxième personnage ; il disparaît un soir, et nul spectateur ne tourne la tête pour regarder à quel point de l'horizon se couche cette étoile filante. Ministre tombé des nues, il est rentré dans l'ombre d'où il était sorti : il a donc fini comme il avait commencé. De son passage si court aux affaires, l'histoire ne conservera que le souvenir de son arrivée. *Ballon* de malheureux *essai* que l'air te soit léger, à la condition que tu restes un *ballon* définitivement *perdu !*

Jules Favre, lui aussi, se nomma membre du Gouvernement de la défense nationale et ministre des affaires étrangères. Ses fonctions le mirent en relation personnelle avec le prince de Bismark, le plus grand politique de notre époque. Lors de la discussion des préliminaires de paix, le célèbre chancelier du nouvel empire voulait le désarmement de la garde nationale de la Seine ; il ne tenait pas à laisser des armes dans ces mains calleuses dont, mieux que le député de Paris, il connaissait toute l'indignité. L'avocat parisien plaida la cause de ses électeurs, et lui qui a perdu tant de causes, gagna malheureusement celle-là. Or, ce défaut de sens politique chez cet orateur éloquent est d'autant moins excusable qu'il avait vu manœuvrer ces ignobles soldats. Il savait qu'ils avaient paralysé la défense de la capitale, parce que le général Trochu était obligé de retenir les meilleures troupes dans ses murs pour garder à vue ces malfaiteurs dangereux. Aussi, quand il s'est agi de dévaliser des caves, de piller des hôtels, de violer des femmes, de profaner des églises, d'incendier des chefs-d'œuvres, ces lâches qui avaient une peur atroce des allemands, qui ne se sentaient d'autre courage que celui de l'abstinence, qui n'avaient montré de férocité que pour manger des chiens, des chats, des chevaux et des rats sont tout à coup transformés en héros. Monstres plus monstrueux que les monstres de la fable, ils commettent des crimes qui feraient reculer d'épouvante les barbares eux-mêmes, qui feraient tressaillir d'effroi les sauvages de l'Océanie, et dont les démons se glorifieraient comme de forfaits dignes de leur infernale malice. A côté des atrocités de ces bandits les exploits de Tropmann sont des œuvres pies. Ces chenapans, en effet, dépassent de cent coudées Spartacus, Catilina, Attila, Omar, Gengis-Khan et Tamerlan. Auprès d'eux, Cartouche et Mandrin sont de vrais petits saints ; Danton, Robespierre et Marat d'infâmes réactionnaires. Amateurs en fait de scélératesse, artistes en brigandage ils font le mal par volupté, ils commettent le crime par goût et par plaisir ; l'odeur du sang est un parfum qui les enivre, la fumée de l'incendie un encens qui les grise. Depuis la création, jamais encore l'humanité n'était descendue à ce degré de dégradation, le plus bas du reste de l'échelle sociale.

Je sais bien que le grand avocat a fait amende honorable officielle et publique de son sacrilége national ; je sais qu'il a demandé pardon à Dieu et aux hommes de son affreux péché ; mais ce que je sais aussi c'est que les hommes ne le pardonnent pas, parce que les larmes du repentir n'effacent jamais une faute politique ; ce que je sais encore c'est que Dieu jamais ne lui fera miséricorde sur ce point ; car, en politique les crimes sont toujours irrémissibles à cause qu'ils sont irréparables.

CE QUI TUE LA RÉPUBLIQUE.

En théorie, la république est le plus beau des gouvernements ; elle est même le beau idéal des formes politiques.

La France trois fois a fait l'essai de la république, en 93, en 48 et le 4 septembre 1870. Or, toujours ces épreuves ont été infructueuses ; jamais les efforts accomplis pour l'établir n'ont pu aboutir. Les deux premières sont mortes, la troisième agonise, que dis-je, elle a péri elle aussi ; car si nous avons encore le mot, nous n'avons déjà plus la chose. Comment donc se fait-il que cet édifice dont la base est si large, dont les lignes sont si pures, dont le couronnement est si splendide ne puisse se tenir debout sur le sol de ma patrie? Plusieurs causes majeures concourent à sa chute rapide.

Premièrement, la république est le drapeau de la *canaille*. En effet, toujours et partout la canaille est ou du moins se dit républicaine, et quand la *vile multitude* de tous les partis qui se partagent le pays veut se lancer dans la politique elle arbore le drapeau rouge ou tricolore de la république. Ce qui fait dire à nos ennemis que tous les républicains ne sont pas de la canaille, mais que toute la canaille est républicaine.

Sans doute les Arago, les Lefranc, les Grévy, les Louis Blanc, les Ledru-Rollin, les Victor Hugo sont de fort honnêtes gens ; ils renient les Delescluze, les Pyat, les Blanqui, les Flourens, les Vallès et autres. Il n'en est pas moins vrai que tous ces hommes se proclament républicains. On a beau répondre qu'il y a républicains et républicains ; le peuple qui ne distingue pas les nuances qui séparent le républicain honnête du républicain malhonnête s'en va répétant partout : Voilà ce que c'est que les républicains ! ! ! Or, du moment que pour trouver un bon républicain il faut choisir dans le tas, on se méfie de tous. Il existe un proverbe populaire trivial mais vrai qui dit : « Crédit est mort ; les mauvais payeurs l'ont tué. » Or, toutes les fois qu'en France la république périt, on peut monter sur sa tombe et affirmer aussi à la face du monde entier que : « La république est morte, parce que les mauvais républicains l'ont tuée ! »

Deuxièmement, la république est le signal de la licence. En temps de république, des êtres qui font mal à voir et par les haillons sordides qui les couvrent et par les plaies hideuses qu'ils exhibent, pullulent sur les places et dans les rues. Ils s'imposent à la charité publique non par leurs prières, mais bien par leurs importunités ; on dirait que la république est un soleil malfaisant qui fait germer des monstres !

En temps de république, tout ce qui est comme il faut est coudoyé dans la rue par n'importe quel *voyou* qui l'insulte ; on dirait que la grossièreté est la politesse des républicains !

En temps de république, tout mauvais drôle qui médite une méchante action, fredonne tout bas en ricanant le refrain obligé : Ah, si la république peut venir ! on dirait vraiment que la république est le règne et le triomphe des méchants !

En temps de république, les combats des bêtes féroces sont autorisés, les maisons de jeu et d'autres choses sont rouvertes ; on dirait que la république est la mère et la protectrice des immoralités, des saturnales et des orgies !

En temps de république, les employés de la police se cachent pour n'être pas éreintés ; il faut sous son doux empire pouvoir s'émanciper à l'aise. La commune de Paris fut un digne fruit de son indigne tolérance ! On dirait que la république est l'exposition universelle de tous les produits des défaillances humaines !

En temps de république, on exhibe au pays des fonctionnaires impossibles ; on dirait que la république manque d'hommes pour se faire servir ; on croirait que la république est la saison de tous les maraudeurs !

Après cela, je ne suis plus étonné de ce terrible aveu de Montesquieu : « La république est une dépouille ; et sa force la licence de tous ! » Et maintenant, je me demande si sous la république l'*ordre* est compatible avec la *liberté !* et je suis forcé de m'écrier avec cet immortel publiciste : « Lorsque dans un gouvernement populaire les lois ont cessé d'être exécutées, comme cela ne peut venir que de la corruption de la république, l'Etat est déjà perdu. » Voilà, en effet, des circonstances qui créent à cette forme, pourtant sublime, de gouvernement, des dangers formidables.

Troisièmement, la république est le régime de l'impiété. Montesquieu pourtant nous dit encore que *la vertu* est le *principe*, la *force* et le *ressort* du gouvernement républicain. Or, *Ventura*, l'illustre théatin, affirme que : « La vertu n'est que l'irradiation de la vérité. » Mais la vérité c'est la religion qui la donne à la terre. Et cependant, dès que la république est née, les peuples affolés proclament sur le bord de son berceau le divorce radical de l'Eglise et de l'Etat. Ce n'est là, sans doute, qu'une opinion discutable, mais ils vont plus loin ; ils décrètent la déchéance de l'Etre Suprème, ils déclarent la guerre à Dieu ; il semble que pour les républicains Dieu n'est qu'un ennemi , et que pour eux aussi : « Dieu n'est que le mal! » Autrefois pour vivre heureuses les nations de l'Europe respectaient le *trône* et adoraient l'*autel* ; aujourd'hui elles brisent l'un et profanent l'autre. Aussi, ne travaillant plus nulle part sous le regard du créateur et du maître des empires, quand elles veulent organiser la république : « C'est en vain que travaillent ceux qui la bâtissent. » Ah ! république ! divine république ! tour populaire ! colonne nationale ! ta cime déjà devrait toucher le ciel, et pourtant, dès que pour te fonder les peuples modernes mettent la main à l'œuvre, à la première assise, l'ouragan révolutionnaire disperse tes pierres et ton ciment ; car, tes architectes sont des impies et tes constructeurs d'atroces mécréants ! Oui, on dirait que la république est la fille aînée de Satan , et qu'elle a reçu de son père des enfers l'horrible consigne d'insulter l'Eternel ! donc à l'avenir, les nations du globe pour asseoir la république devront toujours l'adosser à *l'autel*. Il faut que les Etats-unis de l'Europe se proclament hardiment *les fédérés de la république et de l'autel.* Que ceux de mes coreligionnaires politiques qui ont du cœur me sentent, que ceux qui ont de l'intelligence me comprennent, que ceux qui ont des oreilles m'entendent ; qu'ils gravent sur leurs fronts convertis au Seigneur des peuples et des rois, cette formule encore étrange : *la république et l'autel ;* car sans elle, pour la république *point de salut,* ni sur la terre, ni dans les cieux !

PROTESTATION DE HENRI V CONTRE LE BOMBARDEMENT DE PARIS PAR L'ARMÉE D'ALLEMAGNE.

Tandis que l'Europe stupéfaite contemple, muette, comme une monstrueuse carpe le bombardement de la capitale de la France et du monde ; pendant que la France, furieuse, mais impuissante, est forcée d'assister passivement à la perpétration d'un fait de vandalisme, alors encore sans précédent dans les annales du monde ; alors que l'ange des beaux-arts se voile la face de ses ailes d'or pour ne pas apercevoir des cieux la ruine des merveilles qu'inspira son esprit ; durant que les Parisiens, ces éternels et insipides badauds s'extasient devant l'embrasement des édifices superbes qui firent leur fortune et l'admiration des deux mondes, de même qu'ils se pâment de bonheur en présence d'une danse des bayadères, des marionnettes et des ours ; lorsque le chef du second bas-empire, qui commença le 2 décembre 1851, et finit à Sédan le 2 septembre 1870, regarde d'un œil terne, froid et muet, ainsi qu'une statue de marbre, comme jadis Néron quand Rome se brûlait ; seulement, Néron, du haut de la tour, son commode observatoire, chante sur sa lyre d'or pendant l'incendie de la reine du monde :

J'ai détruit Rome afin de la fonder plus belle !

Napoléon, au contraire, fume sa cigarrette et murmure peut-être entre ses dents agacées :

Oui, j'ai détruit Paris par moi fondé trop beau !

Car, qui peut savoir ! ! !.............................
Pendant que ces hontes s'accomplissent, deux hommes au monde s'en émeuvent, un captif et un exilé, le vieillard du Vatican et le proscrit de Frohsdorf, Pie IX et Henri V. L'un prie, l'autre proteste. Or, le Seigneur a gravé en lettres de feu la prière de son vicaire sur les colonnes éternelles pour la lire quand il voudra devancer, à cause d'elle, l'heure de sa miséricorde. Quant à la protestation du prince royal, tous les échos de la terre en ont répété la majestueuse teneur, et le *monde* a *entendu* le *cri de douleur* qu'il a *jeté* ; néanmoins, elle n'est que le procès-verbal solennel du délit ; bientôt il en commencera la trop juste poursuite. Le procès entamé aujourd'hui par la plume, un jour se terminera par l'épée. Alors le demandeur couronné, à la fois partie civile et militaire, exigera les dommages et les intérèts dûs à l'auguste royaume que ses pères ont fondé. Et quand l'arbitre des batailles aura jugé en dernier ressort, il faudra bien que l'Allemagne s'exécute.

LA FUSION.

Cette *fusion*, c'est-à-dire, la réconciliation, le rapproche-ment des deux branches, aînée et cadette de la maison de Bourbon, ou pour mieux dire la renonciation à l'usurpation de la famille d'Orléans et sa reconnaissance des droits légi·times et exclusifs d'Henri V au trône de France ; oui, cette fusion, dont on avait depuis si longtemps et si souvent parlé, maintenant est un fait accompli. Or, cet acte a une portée politique immense. En effet, aujourd'hui l'heure est passée des biais dangereux, des accomodements scandaleux, des hésitations compromettantes. *Les partisans* nombreux, mais toujours ridicules *du juste milieu* doivent maintenant dispa-raître de la scène politique. Aujourd'hui il faut être *l'un ou l'autre*, légitimiste ou républicain honnête, seuls partis maintenant avouables. *Les lueurs de l'incendie* de la coupable capitale ont ouvert les yeux aux aveugles ; les bruits de guerre qui ont effrayé son enceinte ont rendu l'ouïe aux sourds ; les excès de ses tyrans orduriers ont inspiré la mo-dération aux exagérés politiques. Désormais, les fous, les niais et les bandits seuls oseront proférer le nom de répu-blique rouge, radicale, ultraradicale, démocratique et so-ciale. Oui, désormais, commune, fédération, pillage, in-cendie, assassinat seront des mots parfaitement synonymes et des chemins également directs pour aboutir au bagne, pour monter à la potence. La fusion, de son côté, donne une force énorme au parti légitimiste. Tous ceux dont les aspirations sont tournées vers la royauté sont forcés d'admettre la monarchie traditionnelle. Quatre-vingts ans de terribles expériences leur ont appris que toute tentative révolutionnaire est un avortement cruel qui ruine et martyrise la France. Donc, à l'avenir, Henri V sera le roi des orléanistes et des monarchistes sérieux : le roi, pour les uns, *parce que Bourbon ;* le roi, pour les autres, *quoique Bourbon.* La fusion, enfin, fortifie personnellement Henri V; elle lui amène le concours des princes ses cousins qui sont des hommes distingués; elle le débarrasse de ces préoccupations de complots, d'intrigues de famille, de compétions de race qui détournent des soins assidus que va maintenant réclamer la pénible administration de la France. Du reste, à partir du jour où l'on a lu dans la lettre du 8 mai, du comte de Chambord : — Je demande, à la tête de toute la maison de France, de présider à ses destinées, — on a dû comprendre que cette fusion tant désirée était un acte acquis aux annales de la nation. D'ailleurs, une lettre écrite par Monseigneur le duc d'Aumale, le mois de mai dernier, laquelle, circulait dans Versailles, annonçait à ses amis cette heureuse nouvelle. On sait encore qu'un député, le 2 juin dernier, disait officiellement que la fusion était acceptée par les deux branches de la famille des Bourbons. Donc *la fusion est faite.*

ABDICATION DE CHARLES X ET DU DUC D'ANGOULÊME EN FAVEUR DE HENRI V.

Le 29 juillet 1830, une Commission municipale de la ville de Paris composée de Laffite, Casimir Périer, de Lobau, de Schonen, Audry de Puyraveau, Mauguin, appela au trône de France le duc d'Orléans, sous le nom de Louis-Philippe Ier. Le 31, Charles X écrivit à ce prince pour l'instituer lieutenant-général du royaume. Le 2 août, il lui adressa le message suivant :

« Rambouillet, ce 2 août 1830.

» Mon cousin, je suis trop profondément peiné des maux » qui affligent ou qui pourraient menacer mes peuples, » pour n'avoir pas cherché un moyen de les prévenir. J'ai » donc pris la résolution d'abdiquer la couronne en faveur » de mon petit-fils le duc de Bordeaux. Le dauphin, qui » partage mes sentiments, renonce aussi à ses droits en fa- » veur de son neveu. Vous aurez donc, en votre qualité de » lieutenant-général du royaume, à faire proclamer l'avé- » nement de Henri V à la couronne, etc.

» Signé : Charles. Signé : Louis-Antoine. »

Cet acte de double abdication fut transcrit le 3 août sur le registre de l'état civil de la maison royale aux archives de la Chambre des pairs.

Cet acte, qui sauvegardait les droits de Henri V, est aujourd'hui inutile puisque Charles X et le duc d'Angoulême sont morts. En ce moment, Henri V est roi par droit d'*hérédité*. Son Altesse royale écrivait elle-même, le 8 mai dernier :

« Croyez-le bien, je serai appelé parce que *je suis le Droit.* »

APPEL AU PEUPLE.

Un jour, le grand Saint-Paul, ce fier citoyen romain, fut accusé devant Festus de plusieurs grands crimes que les Juifs, ses accusateurs, ne pouvaient point prouver à cause qu'il ne les avait pas commis. S'apercevant que le gouverneur favorisait ses ennemis et ses calomniateurs, il dit à son juge inique : *J'en appelle à César.* Aujourd'hui le César de la France c'est le peuple ; c'est donc devant le peuple que je porte la cause de Henri V. Oui, c'est en son nom que je m'écrie moi aussi de toute la puissance de ma voix : *Cæsarem appello.* Oui, c'est devant César qu'il nous faut tous aller ; et quand le peuple aura parlé la cause de Henri V, sera finie et définitivement jugée.

On remettra donc à chaque électeur deux bulletins : l'un portera le mot *république*, l'autre le mot *monarchie.* Tout le monde maintenant comprend ce que signifie le terme république, ce qu'exprime le substantif monarchie. Si les bulletins de la république l'emportent, nous nous proclamerons en république éternelle ; si, au contraire, les votes pour la monarchie sont plus nombreux, nous crierons à jamais : Vive le roi ! vive Henri V ! vive ce roi que le peuple a élu ! ! ! Alors sera close définitivement l'ère des révolutions *sataniques ;* alors aussi commencera le règne de la *religion*, de la *concorde* et de la *paix ;* et dans cinq ans brillera le jour de la terrible revanche. Et toutes ces grandes choses arriveront ainsi, parce que la *France* aura parlé, parce que *l'heure de Dieu* aura sonné à l'horloge invariable de son éternité.

L'UN OU L'AUTRE, OU HORS LA RÉPUBLIQUE HONNÊTE OU HENRI V, POUR LA FRANCE POINT DE SALUT.

Le peuple est le lion de la société et le roi de la politique. Après quatorze siècles d'efforts surhumains, on était parvenu, je ne dis pas à l'assouplir, à l'apprivoiser, mais du moins à le dompter. Depuis quatre vingts ans, les hurlements des révolutionnaires, plus horribles encore que ceux des bêtes fauves des forêts, le sang des révolutions, plus abondant que celui qui arrose les sables des déserts qu'habitent les animaux féroces, lui ont rendu sa cruauté originelle et ses instincts natifs ; et cependant s'il a repris ses mœurs primitives, il n'a pas pour cela reconquis sa liberté première ; il marche enchaîné par l'*Association internationale*. Or, voici les statuts de cette monstrueuse *Alliance* :

Art. 1er. L'*Alliance* se déclare athée ; elle veut l'abolition des cultes et en même temps l'abolition du mariage.

Art. 2. Avant tout, l'abolition définitive des classes, l'égalisation politique des deux sexes. Avant tout, l'abolition du droit de l'héritage.

L'athéisme est donc le dogme fondamental de cette formidable société. C'est sous sa contagieuse influence et sous sa haute direction que vient de s'accomplir l'œuvre satanique de Paris. Non, ces atrocités, sans précédents dans la fable et dans l'histoire, ne se sont pas commises au sein des

tribus anthropophages de l'Océanie et sous la hutte gros-
sière du sauvage de la vaste Amérique , mais à Paris , au
centre des lumières , qui *biffe Dieu* ou qui proclame *qu'il
n'y en a pas* ou *qu'ils n'en veulent plus;* au foyer tant vanté
de la civilisation moderne. Et tous ces forfaits sans nom
ont été consommés avec la participation ou la complicité de
la moderne Babylone. Le *Temps*, journal sérieux, naguère
écrivait : « Avec tous nos concitoyens, nous sommes accablés
sous le poids d'une malédiction que nous avons méritée avec
eux. Quel Français , en effet, peut se dire innocent de ces
crimes abominables ? » Ah ! ce peuple infortuné, on l'avait
saturé d'impiété pendant quarante ans consécutifs ; ce sont
ces idées monstrueuses qui sont devenus des faits abominables. Heureusement pour lui que Dieu a créé les nations
guérissables ; mais aux grands maux il faut les grands re-
mèdes. Or, qui osera les appliquer ? N'allez pas proposer
cette tâche ardue aux gouvernements d'aventure , de vio-
lence ou de surprise ; occupés qu'ils sont tous de vivre, de
se soutenir, que peuvent-ils , que veulent-ils faire ? Forcés
de ménager tous les partis, ils ne doivent jamais heurter les
passions , soulever des tempêtes populaires dont le moindre
souffle renverserait leur empire, qui n'a pas de racines dans
le sol , sur lequel ils ne tiennent que par la force de je ne
sais quel fictif équilibre.

Oui , deux gouvernements, deux seuls , peuvent refaire
l'éducation du peuple : la république honnête ou la monarchie traditionnelle de Henri V. Quant à la république, c'est
son *droit* et son devoir ; le principe du gouvernement démocratique , c'est la *vertu*. Il faut que ce ressort, qui résulte
de sa nature, conserve toujours son élasticité et sa puissance , pour faire marcher le corps et mouvoir la machine.
Pour aboutir à ce but essentiel , il est nécessaire que la

république obtienne immédiatement qu'à l'avenir, jamais plus on ne lui attribue, on ne porte à son *crédit*, à son *avoir*, les excès les plus monstrueux de tous les partis de la société française, des terroristes de 93, comme des hideux communards de 1871. Sans cette précaution préalable, mais indispensable, il est impossible qu'elle exerce sur son auguste malade cette autorité morale qui est un commencement de guérison, qu'elle lui inspire cette confiance absolue qui se *donne* toujours et ne s'*achète* jamais. Si la république, même honnête, ne se sent pas ce courage ou cette puissance, qu'elle abdique pour laisser faire Henri V.

Quel est, en effet, le médecin capable aujourd'hui de guérir la France ?

Ecoutons le maître, écoutons le plus grand évêque de l'épiscopat français. Voici sa réponse :

« Paris est en cendres !...

» Voilà comment Dieu se rappelle aux peuples qui l'oublient. Ah ! malheureuse société française qui corromps ton peuple, et qui ensuite es obligée de le mitrailler jusqu'à ce qu'il te mitraille à son tour, quand donc sortiras-tu de ce cercle fatal ? Quand tu auras retrouvé Jésus-Christ ; pas avant : ni les individus ni les peuples ne peuvent se sauver sans le Christ.

» Si la France ne redevient pas chrétienne, elle est perdue. Perdue par l'universelle infatuation ; la France ne peut être sauvée que par le repentir commun.

» Dans une situation comme celle où nous sommes, devant des menaces encore suspendues, quand les discordes civiles peuvent tout à coup nous ressaisir, sachons donc tendre à Dieu les mains ; adorer, prier, espérer.

» Voilà les abaissements qui relèvent, les humilités qui réparent, les supplications qui sauvent. »

L'homme le plus sérieux, le plus grave que la France possède , M. Guizot, dans sa lettre du 23 mai 1871, adressée à M. Grévy, président de l'Assemblée nationale, disait lui aussi :

« Pendant que des insensés fermaient les églises où , depuis tant de siècles , tant de millions d'âmes sont venues prier Dieu, l'Assemblée nationale ordonnait des prières à Dieu pour le salut de la France.... Le genre humain ne perd jamais le sentiment de la présence et de la main de Dieu dans sa nature et dans sa destinée. Paris rentrera dans ses églises, et nous dans le droit de dire que la France a été sauvée par la grâce de Dieu et la libre volonté nationale. »

Noble style ! nobles pensées ! nobles paroles ! Il est vrai, ajoute Monseigneur d'Orléans : « Ces prières, il y en a qui les ont raillées ; ce grand et naturel mouvement d'un peuple qui se tourne vers Dieu dans le malheur, il y en a qui en ont ri. »

Ainsi rit le fou : *Sic risus stulti.* Heureusement pour la tranquillité publique qu'il est encore des cabanons vides à Bicêtre !

Il est nécessaire de consigner ici un *nota benè* qui tourne à la plus grande gloire de M. Adolphe Thiers. Quand il s'est agi à l'Assemblée nationale de voter des prières pour le salut de la France, M. Thiers s'est *abstenu.* L'habile chef du pouvoir exécutif ne veut pas déranger le bon Dieu pour si peu. Il ne s'agit, en effet, que du salut de la France ; or, M. Thiers se charge bien tout seul d'une si mince besogne !

Grand évêque d'Orléans ! ne venez donc plus nous prêcher :

« Non , non , ne vous faites pas d'illusions sur cette situation de la France. O vous, qui que vous soyez, qui êtes appelés à la gouverner, ne cherchez pas seulement à être habiles , quand vous pouvez, quand vous devez être grands ! »

Ah ! gardez vos nobles sermons pour les *fidèles ruraux* de votre diocèse !

Mais est-il bien certain que Henri V soit de force à dompter le lion de la France, assez habile pour guérir une nation dont la maladie est réputée incurable et mortelle ? Seul, non ! avec l'aide de Dieu, oui !

Ce prince ne se fait point illusion sur la situation de la France. Appelé qu'il sera à la gouverner, il ne cherchera pas seulement à être habile, quand il sait qu'il doit être grand !

Il voit Dieu nous châtiant, écrasant notre orgueil sous les coups terribles , non plus de sa main paternelle, mais de son *pied* maintenant implacable ; et roi selon le cœur de Dieu , il a parfaitement compris « qu'il y a là un mystère effroyable d'iniquité. » Il sait que « l'abandon des principes est la vraie cause de nos désastres. » Il déteste «la négation des droits de Dieu. » Il annonce au monde qu'il « ne ramène que la religion. » Monarque légitime, n'étant point un parti, ne voulant pas régner par un parti, il aura ses coudées franches ; il sera libre comme l'air, il pourra sans se gêner « travailler à la régénération du pays ; » car, lui, il n'a « ni injures à venger, ni ennemis à écarter, ni fortune à refaire ; » et il peut « choisir partout les ouvriers qui voudront loyalement s'associer à ce grand ouvrage. »

Donc, quoi qu'en disent tous les niais, tous les poltrons, tous les braillards de la presse, Henri V sera bientôt *le sauveur de la France !*

PLUS D'ABSTENTIONS.

L'abstention est la lèpre du suffrage universel, la plaie hideuse de la France, le danger immense de la société entière. Non, le pays ne *danse* plus *sur un volcan*, mais, ce qui est pis encore, il danse sur l'abîme de l'indifférence politique. En effet, les gueux électoraux s'entendent toujours et votent comme un seul homme ; seuls, les honnêtes gens du suffrage universel s'abtiennent ou votent en tirailleurs du scrutin. Pour assigner un terme à cet abus, il faut qu'une loi intervienne, laquelle déclarera que le vote est non-seulement un *droit*, mais encore un *devoir* pour tout citoyen français. Ce n'est pas assez, car il faut encore que la loi condamne tout électeur qui s'abstient à un mois de prison et à cent francs d'amende ; oui, oui, alors tout le monde votera.

PRÉDÉCESSEURS DE HENRI V.

La monarchie française, fondée par Pharamond l'an 420, a duré jusqu'à Charles X, détrôné par la Révolution de Juillet 1830, 1,409 ans.

La couronne de France, la plus belle du monde , a été portée par 66 monarques.

Pour trouver dans l'histoire une succession si majestueuse de princes, il faut remonter aux générations patriarchales, lesquelles, depuis Adam jusqu'à Joseph, comptent 2,369 années et 23 personnages ; aux grands-prêtres juifs, chaîne superbe , laquelle depuis Aaron, sacré pontife suprême, jusqu'à Phannias , fournit une longueur continue de 1,562 ans ; aux souverains pontifes catholiques , série splendide, laquelle, de Pierre à Pie IX , donne 257 papes, et occupe un espace de 1,838 années depuis l'an 33 jusqu'en 1871.

Le sang des rois français sort de trois sources ou races : la race *Pharamondine* avec 18 rois, depuis Pharamond jusqu'à Childéric III , déposé en 750.

La race *Pepinine* avec 13 rois , depuis Pepin-le-Bref jusqu'à Louis V, le dernier des *fainéants* , mort en 987.

La race *Capétienne* pure avec ses 15 rois, depuis Capet jusqu'à Charles IV, mort en 1328.

La branche de Valois pure avec ses 7 rois, depuis Philippe VI jusqu'à Charles VIII, mort en 1498.

La branche de Valois-d'Orléans avec ses 6 rois, depuis Louis XII jusqu'à Henri III , mort en 1589.

La branche des Bourbons avec ses 7 rois , depuis Henri IV jusqu'à Charles X.

Robert-le-Fort est la tige des Capétiens.

On me pardonnera d'avoir oublié dans ma Chronologie Louis-Philippe et les deux Napoléon : quand on écrit de mémoire on ne songe pas à tout, on ne pense pas à tous. D'ailleurs, mon oubli est ici d'autant plus excusable que ces trois souverains sont trois plantes parasites, trois rameaux de gui politique sur le chêne quatorze fois séculaire de la succession légitime. Mon triple oubli est donc la serpette de justice qui émonde aujourd'hui l'arbre généalogique des souverains de la France. Oui, le père *Loriquet* compte encore un disciple.

GÉNÉALOGIE DE HENRI. V.

1. Henri-Charles-Ferdinand-Marie-Dieudonné d'Artois, Duc de Bordeaux, qui prit le nom de Henri V à la mort de son oncle le duc d'Angoulême, est né à Paris le 29 septembre 1820, six mois et demi après la mort tragique de son père.

2. Il est fils de Charles-Ferdinand d'Artois, duc de Berry et de la princesse Marie-Caroline-Thérèse, fille du prince royal des Deux-Siciles, roi de Naples en 1825, sous le nom de François Ier, mariés le 17 juin 1816.

Le duc de Berry mourut à Paris le 14 février 1820, assassiné par *Louvel*, ouvrier sellier, qui prétendait « que Dieu n'est qu'un mot. » Il était fils de :

3. Charles X, mort en exil à Goritz, petite ville autrichienne, le 6 novembre 1836. Il est fils de :

4. Louis, dauphin de France, mort en 1765. Fils de :

5. Louis XV, mort en 1774. Fils de :

6. Louis, *second dauphin*, mort en 1712. Fils de :

7. Louis, appelé *Monseigneur* ou le *Grand-Dauphin*, mort en 1711. Fils de :

8. Louis XIV ou le Grand, mort en 1715. Fils de :

9. Louis XIII, mort en 1643. Fils de :

10. Henri IV ou le Grand, mort assassiné par *Ravaillac*, le 14 mai, 1610.

Henri IV est le chef de la maison de Bourbon. Il était fils de :

11. Antoine de Bourbon, mort roi de Navarre en 1562, et de Jeanne d'Albret, reine de Navarre, comme propriétaire de son propre chef, et successeur de 33 monarques ses royaux ancêtres, depuis Sanche Ier, proclamé roi de Navarre l'an 905. Fils de :

12. Charles de Bourbon, mort en 1537. Fils de :

13. François de Bourbon, mort en 1495. Fils de :

14. Jean II de Bourbon, mort en 1478. Fils de :

15. Louis II de Bourbon, mort en 1456. Fils de :

16. Jean Ier de Bourbon, mort en 1393. Fils de :

17. Jacques de Bourbon, mort en 1361. Fils de :

18. Louis Ier duc de Bourbon, mort en 1342. Fils de :

19. Robert de France, sire de Bourbon, sixième fils de Louis IX ou *saint Louis*, et de Marguerite de Provence, la femme la plus belle et la plus sage de son temps, mariés l'année 1234.

Robert de France épousa Béatrix de Bourgogne, fille d'Agnès, héritière des anciens sires de la baronie de Bourbon ou Bourbonnais, province qui forme le département de l'Allier.

Né en 1256, Robert, baron de Bourbon, mourut en 1317. Il est la tige de la famille des Bourbons de France, d'Espagne et d'Italie.

On voit donc que Henri V, *l'enfant du miracle*, est aussi le *fils de saint Louis*. Dix-neuf générations le séparent de la source bénie d'où son sang est sorti.

S'il me plaisait de remonter plus haut je trouverais que nous sommes tous ses frères ; car je rencontrerais une souche commune, puisqu'elle serait unique. Pourquoi donc nous poser contre lui en frères ennemis ? Il est l'innocent Abel. *Je n'ai*, nous a-t-il dit, *ni injure à venger, ni ennemis à écarter*. Cessons donc d'être pour lui des Caïns fratricides.

Nous n'avons que trop longtemps laissé plongé dans la noire *citerne* de l'oubli et de l'exil, trop longtemps abandonné aux mains ensanglantées des *Ismaélites* de la couronne de France ce nouveau *Joseph* de la nouvelle Égypte.

Oui, redonnons-lui *l'autorité*, chargeons-le de nous *commander*, accordons-lui le *bonheur* de *sauver* son *pays;* ne craignons pas de lui rendre ses antiques pouvoirs. Sans doute, il veut être *notre roi;* mais il récuse nos *adorations*, il refuse toute *dictature* autre *que celle de la clémence.*

Mais, mais, mais !..... :

> Le premier qui fut roi fut un soldat heureux ;
> Qui sert bien son pays n'a pas besoin d'aïeux.

Oui, vraiment? je l'avais oublié. Allons donc, assez de paradoxes ; assez, assez, oui, assez de ces vieilles *blagues* de corps-de-garde ; assez de ces rances axiômes de sergents chevronnés.

Ecoutons plutôt Mérope ; son langage est celui d'une mère : c'est donc celui de la nature ; c'est le langage de la nature : c'est donc celui du peuple ; c'est le langage du peuple : c'est donc celui de Dieu :

> .... Ah ! Seigneur,
> Son père est mort, hélas ! par un crime funeste ;
> Sauvez le fils : je puis oublier tout le reste :
> Qu'il règne !...........................

HENRI V EST UN HOMME.

Le plus grand génie de l'humanité entière, Augustin, près de rendre au Créateur son âme tendre et pieuse, disait qu'il emportait avec lui trois regrets au tombeau : le premier, de n'avoir pas vu Rome un jour de triomphe : *Romam triumphantem ;* le deuxième, de n'avoir point entendu Cicéron pérorer à la tribune aux harangues : *Tullium perorantem ;* le troisième, de n'avoir pas assisté à un sermon de Paul : *Paulum prædicantem.*

Un doyen du diocèse de Toulouse, que nul de ses confrères ne surpasse en valeur, me disait un jour, dans le salon d'un archiprêtre : qu'il mourrait avec chagrin s'il n'avait pas eu le bonheur, avant de partir pour l'éternité, de voir Pie IX et Henri V. Quant à moi, je n'ai à exprimer ni mes regrets ni mes vœux ; il me suffit de consigner ici mes souvenirs : ils sont trop doux pour que je m'abstienne, et les éléments qui les composent sont assez glorieux pour que je puisse les signaler avec orgueil : *Meminisse juvat.* Mais avant de révéler aux profanes les impressions ineffaçables que des confidences intimes ont gravées dans mon cœur, qu'on me permette un *souvenir de marine.*

C'était un jeudi, 29 mai 1692. Le soleil avait arboré le drapeau de ce jour néfaste : son disque, *rougeâtre,* se montrait à l'horizon ; il se disposait à traîner sa riche chevelure de feu et de lumière sur le globe encore endormi ; car il ne craint pas que les immondices de sa vaste surface en ternissent l'indélébile splendeur. Les flots étaient assoupis : présage assuré de l'affreux ouragan dont ils allaient bientôt devenir le théâtre ! La flotte de France courait à l'ouest par le cap de *la Hogue.* A trois lieues sous le vent, les frégates d'avant-garde distinguent déjà la flotte anglo-hollandaise resplendissant des feux superbes du soleil levant.

A l'instant la flotte de Louis XIV, peu nombreuse, mais fière, met en panne. Et dans la grand'chambre du *Soleil-Royal*, que monte le comte de Tourville, les généraux sont assis autour de la table du conseil ; mais lui, pâle, et pourtant calme et grave, se promène de long en large dans la chambre dorée, les mains croisées derrière le dos.

Après un instant de solennel silence, Messieurs, leur dit-il : « La question est bien simple : la flotte ennemie est forte de *quatre-ving-huit vaisseaux ;* nous en avons *quarante-quatre*, faut-il combattre, oui ou non ?..... »

Les huit généraux se lèvent gravement et chacun dit à son tour : *En mon âme et conscience mon avis est qu'il ne faut pas combattre.*

Tourville alors se redresse fièrement ; ses yeux bleus brillent d'un éclat magique, tout le feu de la jeunesse illumine d'un orgueil militaire sa noble figure, que les années et l'habitude d'un commandement suprême ont marquée d'un caractère exceptionnel d'autorité et de grandeur , après un instant de silence qui centuple la gravité de sa parole, Tourville d'une voix calme et sonore formule ainsi le dernier son avis : « *En mon âme et conscience, Messieurs, mon avis est qu'il faut combattre..... »*

Subjugué par tant de majesté, entraîné par son irrésistible sympathie, tout le conseil répète : *Il faut combattre !*

Mais Tourville tirant de sa poche une lettre :

« *Un ordre de la main du roi, Messieurs.* »

A ces mots, ces vieux amiraux se lèvent par respect ; on aurait dit que le maître était là.

Ce message précis et court portait : *Ordre de combattre l'ennemi fort ou faible et quoi qu'il puisse en arriver.*

Signé : Louis.

Vive le roi ! s'écrient ces braves marins. Aussitôt chaque général rallie son bord et en langue des signaux, Tourville crie à la flotte : « Laissez arriver vent arrière sur l'ennemi..... » Quant à lui, il gouverne directement sur l'amiral d'Angleterre.

A dix heures du soir, par un superbe clair de lune finissait la bataille de *la Hogue*.

Qu'on me passe encore un deuxième souvenir ; c'est un souvenir *d'infortune*. Napoléon, captif à Sainte-Hélène, disait un jour à son fidèle Bertrand : « Général, tu sais que je me connais en hommes ; eh bien ! je te déclare que Jésus-Christ n'était pas un homme... » Non, il n'était pas un *homme*, puisqu'il était un *Dieu*.

Voici maintenant mon troisième souvenir ; c'est un souvenir *d'espérance*. Naguère un ami mien, fils d'un général de l'armée de Condé, homme charmant, honnête et noble de fait et de nom, avait l'honneur de passer chaque année six semaines à Frohsdorf. Or, dès qu'il rentrait de sa visite princière, je m'emparais de l'auguste voyageur. Je lui faisais raconter avec ses plus minutieux détails l'histoire de son séjour au château, et narrer point par point ce qu'il avait vu et entendu au manoir de *son roi*. Résumant ici tout ce qui reste de saillant dans mon esprit et dans mon cœur du triple souvenir de la Hogue, de l'île et du palais de l'exil ; devant Dieu et devant les hommes, voici ce que je déclare : « *En mon âme et conscience*, lecteurs, *mon avis est* qu'Henri V est un homme... » Mais non pas seulement un homme : *homo ;* mais bien plus un homme : *Vir,* comme disaient les anciens.

La providence, en effet, l'a placé dans des conditions exceptionnellement favorables pour élever sa personnalité humaine à une hauteur à laquelle ne montent que les favoris du sort et les mortels bien doués par la nature, cette mère pour eux si prodigue dont ils sont les enfants vraiment gâtés.

Au sortir de son royal berceau, il fut véritablement bercé sur les genoux princiers de la petite-fille de la grande et vertueuse Marie-Thérèse, dont Napoléon disait : « La famille des Bourbons n'a qu'un homme, c'est Madame la duchesse d'Angoulême... »

C'est ainsi, que l'*Enfant de France* respirait au foyer domestique l'air de la virilité avec celui de l'existence ; que les principes de la majesté et de la grandeur, dans l'atmosphère de sa famille, entraient par tous ses pores, aussi abondants que les éléments de la vitalité. Aussi, à dix ans déjà cet *enfant miraculeux* s'affirmait avec toutes les qualités sublimes du milieu merveilleux dans lequel il avait constamment vécu.

A cet âge si tendre, 1830 le jetait sur la terre de l'exil. C'est-à-dire qu'il l'envoyait à l'école du malheur, la plus célèbre du monde, et meilleure toute seule que toutes celles ensemble que les hommes ont fondées ; et depuis quarante ans qu'il la fréquente, encore il n'en est pas sorti. Sa fortune princière, le culte de l'infortune, la fidélité à la cause de la branche aînée des Bourbons lui ont permis de s'entourer des maîtres les plus habiles. Par la date de sa naissance, il a pu assister à des événements tels que les siècles précédents jamais n'en offrirent de pareils. Sa position sociale l'a toujours mis en relation avec toutes les illustrations contemporaines. Or, la liberté et le loisir que procurent un exil long et tranquille lui ont permis d'étudier assez longtemps les hommes pour les bien connaître ; de méditer suffisamment sur les choses afin de les juger sainement. C'est pour cela qu'il ne manque au descendant de saint Louis et de l'adorable reine, pour être le roi le plus complet de son époque, que cette vieille couronne de France, que la main souveraine du peuple se prépare à placer sur sa tête si digne de la porter.

HENRI V EST UN PRINCIPE.

Etre un homme, pour un roi c'est quelque chose ; être un principe c'est tout. Or, Henri V a la merveilleuse chance d'être tout ensemble un homme et un principe.

Un peuple n'est grand, une société n'est durable qu'à la condition de croire le vrai en religion, de faire du beau dans les arts, de pratiquer le bien dans ses actes. C'est pour avoir violé cette règle, enfreint ce précepte, méprisé ces principes sociaux ; c'est pour avoir cru l'erreur en religion, fait du laid dans les arts, accompli le mal dans ses œuvres que la société française tremble sur sa base, tant de fois pourtant séculaire ; que la grande nation aujourd'hui amoindrie, marche sur un volcan dont la terrible éruption de Paris atteste la puissance infernale.

Maintenant, si l'on tient à connaître le bilan de la situation politique de la France résultant de l'abandon de ses principes sociaux traditionnels, le voici : la presse est une conjuration, l'enseignement une immoralité, la politique une insurrection, les réunions publiques sont un jacobinisme pur, les femmes des pétroleuses démocratiques et sociales, l'histoire une flatterie organisée, le progrès la révolution en permanence, l'indépendance la révolte continue, la liberté la licence, la fraternité l'assassinat, l'égalité la commune. Or, ici, on ne doit pas confondre le pouvoir de fait et sans principe avec le pouvoir de droit et avec principe. L'un, c'est les coups d'état, l'usurpation, la force sans la justice ; l'autre, c'est l'évolution nécessaire et progressive, la légitimité, l'équité servie par la puissance ; c'est Henri V, c'est l'homme-principe disant : « Je suis la religion, la concorde et la paix ; » car, la paix est la tranquillité par l'ordre : *Pax tranquillitas ordinis.* Cette distinction essentielle il l'affirmait courageusement l'illustre théatin italien, le père Ventura, lorsque prêchant aux Tuileries devant Napoléon III, il l'appelait l'*homme-pouvoir.* Napoléon Ier, Louis-Philippe Ier, Napoléon III, sont uniquement des hommes-pouvoir, qui durent ce que durent les fléaux des peuples, l'espace du châtiment. Henri V, au contraire, c'est l'*homme-principe ;* c'est le progrès continu sans coups d'état, sans révolutions populaires, parce qu'alors *le roi mort, vive le roi ;* car, l'homme périt mais l'idée, mais le principe restent. Voilà la vraie théorie du pouvoir. Si la France est tombée quatre fois dans d'*effroyables abimes,* c'est pour avoir toléré, subi, encensé même des *gouvernements d'aventure.*

HENRI V ANNONCÉ VERS L'AN 1540 PAR NOSTRADAMUS.

Ronsard, le prince des poëtes français du xvie siècle, chante ainsi Michel de Nostredame :

> Comme un oracle antique, il a de mainte année
> Prédit la plus grand part de notre destinée.

L'abbé Torné-Chavigny, n'hésite pas à placer Nostradamus au même rang que les prophètes canoniques.

Je ne pousse pas jusque-là mon admiration pour le célèbre devin ; néanmoins, je le prends très au sérieux.

Qu'on me permette de citer trois de ses quatrains se rapportant à Henri V, lesquels m'ont grandement frappé, et étonneront aussi, j'en suis sûr, mes lecteurs.

Je traduirai et commenterai ces vers étranges à l'intention de ceux qui ne sont pas habitués à ces sortes de grimoires ; qui ne sont pas familiarisés avec le style tout spécial des prophètes, des astrologues et des sorciers ; car le fameux théurgiste, le merveilleux favori de trois monarques appartient à une de ces trois catégories de *voyants*. Or, cette citation je la fais sans rancune ; non, je n'appartiens pas à cette classe de médiocrités humaines qui nie l'esprit des autres pour démontrer le sien, oubliant que nier l'existence de la lumière ce n'est point affirmer l'éternité des ténèbres mais prouver uniquement sa cécité complète.

Premier quatrain.

CENTURIE IVe, QUATRAIN 14e :

> La mort subite du premier personnage
> Aura changé et mis un autre au règne :
> Tost, tard venu à si haut et bas âge,
> Que terre et mer faudra qu'on le craigne.

M. Thiers est aujourd'hui le premier citoyen de la république française. Or, s'il est heureusement immortel d'une part, il est malheureusement mortel d'une autre. C'est donc après la mort de ce premier personnage du Gouvernement provisoire que montera sur le trône un prince destiné à porter deux fois la couronne, dans son enfance et dans la maturité de l'âge. Henri V, à dix ans, fut roi de *droit* par l'abdication de Charles X et du Dauphin le duc d'Angoulême.

Ce n'est que vers sa cinquantaine, d'ailleurs, qu'il deviendra roi de *fait*. Or, ce monarque fera trembler ses ennemis sur terre et sur mer.

Il me semble que ce portrait de Henri V est assez ressemblant. Je crois que le *voyant* devait posséder une fameuse vue pour saisir aussi exactement la physionomie de ce prince à plus de trois siècles de distance.

Deuxième quatrain.

CENTURIE V^e, QUATRAIN XLIe :

Nay sous les ombres et journée nocturne,
Sera en règne et bonté souverain :
Fera renaistre son sang de l'antique urne,
Renouvelant siècle d'or pour l'airain.

Henri V naquit d'un père assassiné, un soir qu'il sortait de l'Opéra. Il sera un *grand monarque*, nous dit la légende universelle ; il ne veut, du reste, *exercer d'autre dictature que celle de la clémence.*

Il rendra son éclat primitif au noble sang de saint Louis et du Grand Henri qui coule dans ses veines. Il changera en siècle d'or l'âge d'airain où nous vivons : c'est le pressentiment universel de la France.

Troisième quatrain.

CENTURIE X^e, QUATRAIN LXXXe :

Au règne grand du grand règne régnant,
Par force d'armes les grands portes d'airain
Fera ouvrir le roy et duc joignant,
Fort demoly, nef à fons, jour serain.

Nous descendons des anciens Celtes, voilà pourquoi Nostradamus appelle Henri V *le grand celtique*. Mais ce puissant monarque, sous son règne glorieux fera ouvrir par la force des armes les portes d'airain du temple de la guerre, que le devin compare ici à celles du temple de Janus, qu'à Rome on n'ouvrait qu'en temps de guerre. Lui, *régnera* et *gouvernera*. Il n'aura à redouter ni les ennemis du dedans, qu'il mettra à la raison, ni ceux du dehors qu'il fera marcher plus vite que du pas ordinaire. Son règne sera heureux parce que le vaisseau de l'État, pour la religion, puisera à la source pure de la vérité chrétienne, et pour la politique à la fontaine de la légitimité traditionnelle et nationale.

Voilà un programme qui va mettre en fureur tous les libres-penseurs de France et de Navarre.

Mais qu'on se rassure ; ceux qui maintenant vont crier le plus fort, sont dans l'âme d'inoffensifs matamores, et quand le bon Henri sera bien assis sur son trône séculaire, ils l'encenseront à se démolir les deux bras ; et il faudra que le clément monarque, pour calmer leur rage *encenseresse* et leur conserver l'usage de leurs membres, de sa table royale leur jette *un petit os !*

Les stances de ce triple quatrain ne sont certainement pas des paroles et des vers bibliques ; elles ont pourtant de quoi surprendre les plus robustes incrédules. Ont-elles été inspirées par Dieu ou par le diable ? Je l'ignore ; car je n'y étais pas. Ce que je sais, néanmoins, c'est que cela importe peu ; car, pour trouver *plus fin* que Dieu, il faut toujours *aller au diable !*

HENRI V EST PRÈS D'ARRIVER.

L'esprit prophétique est un feu sacré qui jamais ne s'éteint sur l'autel de l'humanité ; car c'est la main de Dieu , immortelle vestale, qui l'entretient sans cesse.

Avant la venue du Messie, le monde entier était dans l'attente de cet immense avénement. A l'époque de la grande révolution de 89 , l'Europe pressentait cet énorme cataclysme politique ; et quand Ollivier , ce ministre qui ne voyait pas à huit jours devant lui , disait en juillet 1870 : *Que jamais la paix n'avait été plus assurée*, la France, par son silence et son incrédulité , lui répondait que la guerre colossale avec l'Allemagne , jamais n'avait été plus imminente. Mais ce don de prophétie , qui est à l'état latent dans le sein du genre humain, se manifeste toujours, à la veille des solennelles perturbations sociales , par ses hommes de génie , qui sont ses oracles ordinaires ; par les poëtes éminents , qui sont ses sibylles officielles.

Je me contenterai de citer ici de Bonald et de Maistre, ces deux plus illustres publicistes du siècle ; Châteaubriand, le plus fameux littérateur que la terre ait produit depuis Cicéron ; Lamartine et Victor Hugo , les plus grands poëtes du XIXe siècle. J'inviterai aussi Berryer , ce prince des avocats, à plaider la cause des Bourbons.

De Bonald : « En vain, le fanatisme révolutionnaire, creusant de plus en plus l'abîme où il a entraîné la France, repoussera *la seule main* qui puisse l'en retirer ; en vain l'ambition osera former de criminelles espérances , en vain la calomnie, qui s'attache à ses premiers pas, le défigurera pour que *ses peuples* ne puissent le *reconnaître. Il règnera*, ou la société entière descendra avec la France dans le tombeau ; la France *aura son roi*, ou bientôt l'Europe n'aura plus que des tyrans. »

On ne commente pas un pareil texte.

Lisons maintenant dans les pages sublimes du comte de Maistre : « Le mal ne peut durer. Or, la révolution actuelle étant le mal pur, le mal radical, la révolution ne peut durer. Lorsqu'on entend ces *prétendus républicains* parler de liberté et de vertu , on croit voir une courtisane fanée jouant les airs d'une vierge avec une pudeur de carmin. La révolution n'est pas autre chose que la barbarie savante, la corruption calculée, et surtout l'irréligion.

» Eh bien ! tout cela n'a rien produit ; la pourriture ne mène à rien. La nation française ne veut point ce gouvernement ; elle le souffre. Le premier anathème qui pèse sur la république française, c'est qu'elle est anti-religieuse. L'impiété, vous l'avez cru victorieuse !... Français, faites place au roi très-chrétien ; portez-le vous-même sur son trône antique, relevez son oriflamme , et que son or, voyageant d'un pôle à l'autre, porte de toutes parts la devise triomphale : « *Le Christ commande , il règne , il est vainqueur !* »

On croirait lire , non pas une prophétie, mais plutôt l'histoire de la commune de Paris , et le programme du règne de Henri V.

Mais laissons continuer l'oracle de la France :

« La religion catholique seule rendra le bonheur à la France ; le roi seul, et le roi *légitime* , en élevant du haut de son trône le sceptre de Charlemagne, peut éteindre ou désarmer toutes les haines, tromper tous les projets sinistres et calmer les esprits agités. Les institutions républicaines n'ont point de racine en France ; elles ne sont que posées sur le sol ; elles cèderont à un souffle , et ne laisseront point de traces. Le bras de Dieu n'est pas raccourci ; quand le moment sera venu , il rétablira la monarchie française, malgré ses ennemis ; il chassera ces insectes bruyants *pulveris exigui jactu.*

Henri V , on le voit , va donc remonter sur le trône de ses pères. Seulement, Dieu n'a nulle intention de se déranger pour aller à Frohsdorf le prendre par la main , et le reconduire à son poste héréditaire. C'est d'ailleurs parfaitement inutile ; car *son peuple* est nanti de ses pouvoirs pour bâcler une telle besogne. Néanmoins, si quelques vils *insectes* se présentaient dans l'air pour lui barrer le passage, Dieu se charge de les pourchasser , c'est là son unique affaire , en leur jetant du haut du ciel une pincée de sa plus fine poussière dans les yeux : *Pulveris exigui jactu.*

L'illustre Châteaubriand est resté fidèle à son *Dieu* et à son *roi, à la vie , à la mort.* Il a consacré sa longue existence à composer des livres sublimes en l'honneur de la religion et de la monarchie. Or, on ne cite pas les pages adorables de ses volumes immortels. On les lit une fois en entier, et puis on les admire toujours.

Ecoutons maintenant les poëtes ; ils vont chanter Henri V sur leurs lyres immortelles.

Lamartine commence :

> Il est né l'enfant du miracle !
> Héritier du sang d'un martyr ;
> Il est né d'un tardif oracle ,
> Il est né d'un dernier soupir !...
> Il vient quand les peuples victimes
> Du sommeil de leurs conducteurs ,
> Errent au penchant des abîmes

Comme des troupeaux sans pasteurs !
L'homme nage dans le chaos !
Le doute égare sa boussole,
Le monde attend une parole,
La terre a besoin d'un héros !
Jeté sur le déclin des âges,
Il verra l'empire sans fin,
Sorti de glorieux orages,
Frémir encore de son déclin.
Mais son glaive, aux champs de la victoire,
Nous rappellera la mémoire
Des destins promis à Clovis
Tant que le tronçon d'une épée,
D'un regard de gloire frappée,
Brillerait aux mains de ses fils !

Mais j'entends le grand Victor Hugo qui s'écrie :

O joie! ô triomphe ! ô mystère !
Il est né l'enfant glorieux,
L'ange que promit à la terre
Un martyr partant pour les cieux !...
Honneur au rejeton qui deviendra la tige !
Henri, nouveau Joas, sauvé par un prodige,
A l'ombre de l'autel croîtra vengeur du sort.
Un jour de ses vertus notre France embellie,
A ses sœurs, comme Cornélie,
Dira : voilà mon fils ; c'est mon plus beau trésor.
Son nom seul a calmé nos tempêtes civiles ;
Ainsi qu'un bouclier, il a couvert nos villes ;
La révolte et la haine ont déserté nos murs.
Tel du jeune lion, qui lui-même s'ignore,
Le premier cri, paisible encore,
Fait de l'antre royal fuir cent monstres impurs.

Silence ! c'est Berryer ; c'est le dernier rugissement du
lion du barreau :

« Monseigneur, ô mon roi! je meurs avec la douleur de
n'avoir pas vu le triomphe de ces droits héréditaires consa-

crant l'établissement et le développement des libertés dont notre patrie a besoin... Je porte mes vœux au ciel pour Votre Majesté et pour notre chère France... Pour qu'ils soient moins dignes d'être exaucés par Dieu, je quitte la vie armé de tous les secours de notre sainte religion...

.» Adieu, Sire, que Dieu vous protége et sauve la France ! »

Il a gagné sa cause ; seulement il n'entendra que des cieux le prononcé de l'arrêt du Juge suprême ; il ne verra que de là haut le peuple, exécuteur ordinaire des volontés divines, remettre son royal client en possession de son antique héritage.

Non, ils ne sont pas menteurs, les oracles de la France. L'idée d'une seconde restauration, qui naguère paraissait seulement possible à cette aristocratie ancienne comme le monde, qui ne traite de la politique qu'avec son cœur et ses principes traditionnels, depuis le 4 septembre a fait un chemin qui étonne ses amis et épouvante ses ennemis. Ce nom de Henri V, lequel il y a un an à peine, n'était prononcé que respectueusement et timidement dans les salons dorés de la noblesse antique, retentit aujourd'hui dans toutes les réunions, dans les rues et sur les places publiques. Et quand deux hommes se rencontrent, toujours l'un adresse à l'autre cette question sacramentelle :

— Est-ce que Henri V est près d'arriver ? — et l'autre de répondre : — Eh mon Dieu ! je n'en sais trop rien ; seulement, c'est possible ; tout le monde en parle. — Les plus effrayés de ce retour imprévu proclament que l'apparition de *ce roi* serait le signal de la guerre civile. Ce qu'il y a de certain, c'est que ces énergumènes ne la commenceront pas ; ceux qui crient le plus en France sont toujours ceux qui agissent le moins. Les poltrons, la nuit, quand ils ont peur, chantent à gorge déployée ; l'homme courageux est calme et silencieux comme la lune qui l'éclaire.

La presse démocratique et sociale, toujours *polie*, fait circuler, sur le compte de l'*enfant glorieux*, des généalogies incroyables. Peu s'en faut qu'ils ne lui assignent pour grand-père *l'animal* qu'un jour Alexandre Dumas, impatienté, revendiquait pour lui-même. Ces écrivains vantards, mais eunuques, débitent contre lui des contes à dormir debout, lui décochent des épithètes qu'on ne trouve imprimées que dans les vocabulaires à l'usage des portefaix de la troisième catégorie ; lancent, pardon, j'allais dire, *crachent* contre lui, sans l'atteindre, bien entendu, des bêtises monstrueuses. Ceux des *frères écrivains*, qui sont relativement *forts*, prétendent qu'il n'est pas possible qu'il soit le fils de son père, puisqu'il est mort trop tôt avant la naissance de son fils putatif. Ceux qui savent mieux qu'eux compter jusqu'à neuf sur leurs dix doigts affirment qu'il est fort heureux pour la réputation de sa mère qu'il ait devancé l'heure accoutumée de l'entrée des humains dans les sentiers de la vie. Quelques-uns, plus hardis encore, osent assurer qu'il n'est même pas le fils de sa mère. Il serait donc un produit de la *génération spontanée ?* Ce serait heureux pour les partisans de ce système naissant ; seulement, le fait n'est pas encore suffisamment établi pour qu'ils puissent l'invoquer comme un argument péremptoire en faveur de leur doctrine nouvelle ; et moi, à côté de ces affirmations, formulées sans preuves, je place mes négations, lesquelles, pour raison d'égalité, n'en ont pas davantage. J'attends, pour établir le *contre,* qu'on me démontre le *pour ;* or, mes adversaires auront bien du mal. Ils n'ont pas assisté plus que moi à ces travaux de la chaste Lucine, que cette pudique divinité, ennemie du scandale, toujours accomplit à huis-clos. C'est trop tard aujourd'hui pour que nous allions y voir. Ouvrir une enquête pour la pénible recherche de sa maternité royale c'est chose maintenant impossible. Les deux immortelles déesses auxquelles les destins avaient confié les clefs des portes de la vie ont quitté depuis longtemps l'Olympe sans laisser leur adresse nouvelle ; on dit même qu'elles sont mortes ces deux divines sages-femmes, seules témoins du fait naturellement mystérieux, lequel se dérobe ainsi à toute recherche utile.

Quelques-uns de ses insulteurs regrettent hypocritement que sa vieille chute de son coursier fougueux ait amoindri le prestige physique de la majesté royale. Ah ! ce qu'ils regrettent, c'est qu'il se soit seulement cassé la jambe et non point la tête, qui jamais ne leur fut chère. Enfin, on lui reproche *son nez à la Bourbon*. Mais puisque ce *prétendant*, tant redouté, a les défauts de sa race, puisqu'il est Bourbon jusqu'au bout du nez, pourquoi venez-vous ici analyser son sang pour savoir s'il est pur et sans mélange ? Pourquoi venez-vous aujourd'hui nous confier cyniquement vos soupçons injurieux à l'endroit de la femme de César ? Pourquoi venez-vous, après un demi-siècle révolu, collationner des titres si anciens, contester que l'expédition soit conforme à la *minute*, l'extrait à la *matrice* ? nous dire que l'acte de naissance de cet *homme* n'est que la preuve légale et nullement réelle de son acte de naissance original et naturel ? Limaçons vils, indécents et calomniateurs de la presse, malheur à vous si jamais plus à l'avenir mon pied vengeur vous rencontre salissant d'une bave impure les pages immaculées des registres de l'état-civil de la famille des Bourbons de la France ! ! ! ! !

ÉPOQUE PRÉCISE DE L'ARRIVÉE DE HENRI V.

Voici ma profession de foi ; il est utile ici de la faire. Si mes lecteurs n'ont pas besoin de savoir *qui* je suis, il est indispensable qu'ils connaissent *ce que* je suis. Eh bien, je ne suis pas un *capucin ;* pourtant je crois en Dieu, à l'évangile, à l'Église et aux choses raisonnablement prouvées. Je suis *un homme* ; je sais donc ordinairement ce que je dis quand je parle, et toujours ce que j'écris quand il me plaît d'écrire. J'ai cinquante ans, donc mes illusions de jeunesse sont parties, et mes défaillances de vieillesse, quoique prochaine, ne sont pas encore arrivées.

C'est à ces titres divers que j'abjure mes lecteurs, que j'estime, que j'aime, mais que je ne crains nullement, *qui* et *quoi* qu'ils soient, de prendre au sérieux les probabilités humaines que je vais soumettre à leur acception raisonnée ; j'y crois moi-même. Or, je suis aussi sérieux que le plus sérieux de mes lecteurs, et plus qu'eux j'ai étudié les matières délicates et difficiles que je traite ; plus qu'eux j'ai pesé les motifs de crédibilité à la sûreté des bases sur lesquelles reposent mes calculs.

Cela posé, j'affirme que Henri V viendra peut-être en 1871, mais qu'il règnera sûrement en 1872.

D'abord les uns désirent, le autres redoutent ce prodigieux avénement ; mais nul ne reste indifférent : tous l'attendent prochainement ; donc il viendra prochainement. L'humanité, cette prophétesse infaillible, pressent qu'il est là : donc il arrive ; c'est là un argument général pé-remptoire.

Mais voici quelque chose de plus particulier, de plus précis. Un illustre *enfant de Loyola* dit quelque part : « Non, il n'appartient qu'à Dieu de pénétrer dans l'avenir jusques à l'avoir absolument en sa puissance et jusques à pouvoir dire infailliblement et en maître cela sera. » Mais, s'il plaît au maître de tous et de tout de communiquer quelques-uns de ses secrets à un homme ; de lui révéler l'avenir, qui l'en empêchera ? Or, il existe un *criterium* sûr, une pierre de touche vraie pour reconnaître les *inspirés de Dieu*. Quand une prophétie humaine renferme plusieurs articles et que ceux qui regardaient les faits déjà passés se sont tous exactement accomplis, il faut en conclure que les faits à venir se réaliseront aussi : cette conclusion est indiscutable philosophiquement parlant ; une prophétie accomplie fait toujours *autorité*. Pourtant, dans l'espèce, il existe plusieurs prophéties qui se trouvent dans cette situation étonnante ; ce sont là des faits. Or, que l'on soit croyant ou mécréant, libre-penseur, ou soumis à l'autorité, pour tous, c'est un axiome que *contre les faits point d'argument*. Or, des prophéties de cette nature, que je sais par cœur, dont j'ai constaté l'authenticité *vraie* parlent *d'un grand monarque* ; qu'elles appellent *prince de l'Aquilon, reste précieux du sang très-saint des rois français*. Sûr, ce *grand monarque* doit voir passer sous son règne glorieux *cinq* papes, dont il sera l'ami, le protecteur et l'auxiliaire. Néanmoins, la moyenne de la durée des souverains pontificats, d'après ces prophéties, doit être seulement de cinq années dans l'avenir, à partir du règne du successeur médiat de Pie IX, qu'elles appellent *ignis ardens :* feu ardent. Il résulte, en outre, de l'étude comparée de ces prophéties diverses que ce *grand monarque* doit mourir en même temps que le dernier pape qu'il verra régner et qu'elles nomment *pastor angelicus :* le pasteur angélique ; lequel doit mourir, toujours suivant elles, en 1891. Donc, en rétrogradant par cinq années, on arrive aux dates suivantes : 1886, 1881, 1876 et 1871. Et maintenant, si je remonte, à compter du point de départ des périodes quinquennales qui est 1871, jusqu'à l'an 1891, je n'ai que quatre papes ; il faut alors qu'avant la fin de l'année 1871, ce *grand monarque* ait vu passer un autre pape. Donc, à prendre ces chiffres dans toute leur rigueur mathématique, avant la fin de l'année 1871 Pie IX et son successeur *Lumen in cœlo :* la lumière dans le ciel, seraient tenus de disparaître. C'est *brutal*, on ne doit pas s'en étonner ; car la brutalité est dans la nature du chiffre. La conclusion rigoureuse de ces calculs serait finalement celle-ci : c'est que Henri V doit monter sur le trône d'ici à la fin de l'année 1871, et Pie IX et son successeur mourir ou se démettre. Je dois cependant ajouter, qu'en ces matières, il y a toujours une certaine latitude, et que ces sortes de chiffres sont toujours approximatifs et ces espèces de dates toujours approchantes.

Mais, enfin, peut-on me dire : est-il bien certain que Henri V est *le grand monarque, le prince de l'Aquilon, le reste précieux du sang très-saint des rois français?* Est-il bien démontré qu'il sera ce prince ami, protecteur et auxiliaire des cinq papes ses contemporains? Voici ma réponse : Prenez la lettre du comte de Chambord, du 8 mai 1871, et lisez : « On dit que l'indépendance de la Papauté m'est chère, et que je suis résolu à lui obtenir d'efficaces garanties. On dit vrai.

» Protéger le Saint-Siége fut toujours l'honneur de notre patrie, et la cause la plus incontestable de sa grandeur parmi les nations. Ce n'est qu'aux époques de ses plus grands malheurs que la France a abandonné ce glorieux patronage. »

Je crois que cela *s'appelle parler !* il faudrait être très-sourd pour ne pas entendre un *verbe si haut !*

Voici donc ma formule : Henri V est le *grand monarque annoncé.* Les cinq pontificats contemporains de son règne sont ceux des papes se nommant : La lumière dans le ciel, le feu ardent, la religion dépeuplée, la foi intrépide, le pasteur angélique. Il faut qu'il y ait du 31 décembre 1891 au premier janvier 1872 quatre papes, un d'ici au 31 décembre 1871, Pie IX non compris. Il faut que Henri V roi les voie tous les cinq.

A cette formule, ajoutez la locution abverbiale : *A peu près*, et tout est dit, mes chers lecteurs, et votre compte est fait ! ! !

PROGRAMME POLITIQUE DE HENRI V.

Si j'avais l'honneur d'être son ministre , je proposerais ce programme à sa majesté royale et légitime :

Une religion d'Etat ;

Une armée formidable formée de diverses catégories, avec tout français soldat de vingt ans à soixante ;

Un fond d'Etat unique : du cinq pour cent produisant un centime d'intérêt par jour, avec capital et rente invariables ;

Une revanche atroce dans cinq ans ;

Impôt universel : relativement léger sur la production , lourd sur la consommation de luxe ;

Instruction primaire gratuite, mais non pas obligatoire ;

Toutes les libertés ;

Une loi terrible contre la licence et l'abus.

Signé : HENRI V. — Signé : UN HOMME Ier.

Ce qui est écrit, est écrit : MUTARE NOLO.

TABLE

Toulouse, Imp. Ch. Douladoure; Rouget fr. et Delahaut, success", rue St-Rome, 39.

www.ingramcontent.com/pod-product-compliance
Lightning Source LLC
Chambersburg PA
CBHW051144050726
47594CB00003B/1236